バターを使わない
米粉のちいさな焼き菓子

吉川文子

はじめに

米粉のお菓子の研究は、実は今回が初めての試みでした。

小麦粉を使ったお菓子作りの経験を生かしながらも、
米粉は水分や油分の吸収のしかたが異なるため、
試作をくり返す中で、多くの発見がありました。

シフォンケーキやシフォンロールは、
米粉特有のふんわりしっとりとした軽い口あたりに魅了されました。
一方、スコーンやクッキーは、最初はぼそぼそしたり、ざらざらしたり、
なかなか思うようにはいかず、作っては食べる、のくり返しでした。

そんな試行錯誤の末、ようやく納得のいくレシピにたどり着いたのが、
この本でご紹介するお菓子たちです。
今回はバターを使わず、手軽にできる、ちいさなサイズのお菓子にこだわりました。

誰でも簡単に作れるように工夫し、少ない材料で、
家庭でも気軽に試していただける内容になっています。
ちいさく作ることで食べきりやすく、日々のティータイムや贈りものにもぴったりです。

植物油を使うことで、素材本来の味が引き立ち、
その魅力がさらに増すことでしょう。
米粉のレシピは、混ぜすぎても食感が悪くなる心配がないため、
扱いやすい反面、正確な計量と、生地の混ぜ方がとても大切です。
シンプルなレシピだからこそ、ポイントを押さえることで、
米粉ならではの軽やかな味や食感を、存分に楽しんでいただけることと思います。

この本がみなさまに、「米粉のお菓子作り」を始めるきっかけとなり、
新しい発見をもたらしてくれることを願っています。

吉川文子

((この本のお菓子について))

1.

2.

すべて米粉で

この本のお菓子は、すべて米粉を使っています。米粉は小麦粉と違ってグルテンがなく、混ぜすぎても生地がかたくなる心配はなし。米粉だけならふるう必要もなく、もちもち、しっとりとした特有の食感も魅力です。ただ、小麦粉よりもうまみがやや少ないので、少量のアーモンドパウダーを加えるのがコツ。メーカーによって吸水率などが違うので注意が必要ですが、この本では下の2種類を使っています。

バターを使わずに

油分はバターは使わず、味や香りにくせがない、植物油（太白ごま油、米油、菜種油、サラダ油）を使います。オイルなら室温に戻す手間もなく、ベタつきが少なくて作業しやすいうえ、素材の風味がストレートに楽しめるのが特徴。生地を作る時は、油分と水分をとろりと混ぜ、それを米粉にしっかり吸わせると、しっとりとおいしく焼き上がります。

左から「キメ細やかな米の粉」（幸田商店）、「KS米の粉」（共立食品）。「KS米の粉」は（コ）⇒入手先は88ページ

植物油は、味や香りにくせのないこちらを使用。「竹本油脂 製菓用太白ごま油」（コ）⇒入手先は88ページ）

3. ちいさくて作りやすい

マフィン、スコーン、クッキーのほか、通常は大きな型が必要なシフォンケーキも、マフィン型でちいさく作ります。シフォン生地のロールケーキも、バットでミニサイズに作れるようにしました。これなら生地作りもラクで失敗知らず、食べきりサイズで、思い立ったらすぐに作れます。材料が少なく、焼き時間が短めなのもポイントです。

4. 型はマフィン型とバットで

特別な型は必要なく、基本的に直径7cmのマフィン型とキャビネサイズ（20.5×16×深さ3cm）のバットがあればOK。マフィン型がなければ、紙製のマフィンカップや、プリン型に紙カップを敷いても作れます。クッキーは型抜きするものもありますが、かわりに近いサイズのグラスで抜いても。絞り出しクッキーも、絞り袋がなければ、スプーンで天板に落として焼けば大丈夫です。

Contents

Part 1
Muffin
マフィン

- 9 　プレーンマフィン
- 12　アールグレイマフィン
- 13　りんごとシナモンのマフィン
- 14　レモンマフィン
- 15　キャラメルマフィン
- 15　かぼちゃマフィン
- 16　抹茶ホワイトチョコマフィン
- 16　チョコレートバナナマフィン
- 17　キャロットマフィン
- 17　バナナクランブルマフィン

Part 2
Scone
スコーン

- 25　プレーンスコーン
- 28　くるみとメープルのスコーン
- 28　きなこと黒ごまのスコーン
- 29　抹茶とホワイトチョコのスコーン
- 30　ブルーベリークリームチーズスコーン
- 31　バナナとピーナッツバターのスコーン
- 31　ラズベリーホワイトチョコスコーン

Part 3
Cookie
クッキー

- 37 スノーボール 〔丸め〕
- 37 くるみのクッキー 〔ドロップ〕
- 37 レモンクッキー 〔型抜き〕
- 37 ココアとスライスアーモンドの
    クッキー 〔アイスボックス〕
- 37 アールグレイクッキー 〔絞り出し〕
- 48 抹茶のスノーボール
- 49 ピーナッツバタークッキー
- 49 オートミールレーズンクッキー
- 50 ダブルチョコクッキー
- 50 ショートブレッド
- 51 ガレット
- 52 カプチーノクッキー
- 53 ココナッツクッキー
- 53 ジンジャークッキー

Part 4
Chiffon Cake
シフォンケーキ

- 61 プレーンシフォンケーキ
- 61 プレーンシフォンロール
- 66 バナナシフォンケーキ
- 67 紅茶シフォンケーキ
- 68 チョコレートシフォンケーキ
- 69 抹茶シフォンケーキ
- 69 コーヒーマーブルシフォンケーキ
- 70 マンゴーココナッツシフォンケーキ
- 71 レモンラズベリーシフォンケーキ
- 78 チーズシフォンロール
- 79 抹茶シフォンロール
- 80 紅茶チョコレートシフォンロール
- 81 レモンシフォンロール
- 82 ココアシフォンの
    コーヒークリームサンド
- 83 きなこシフォンの
    キャラメルクリームサンド

【この本での約束ごと】
- 大さじ1は15㎖、小さじ1は5㎖です。
- 「ひとつまみ」とは、親指、人さし指、中指の3本で軽くつまんだ量のことです。
- 卵はMサイズ・正味55g（卵黄20g＋卵白35g）のものを使用しています。
- オーブンは、あらかじめ設定温度に温めておきます。焼き時間は、熱源や機種などによって多少差があります。レシピの時間を目安に、様子を見ながら加減してください。
- 電子レンジの加熱時間は、600Wのものを基準にしています。500Wの場合は、1.2倍の時間を目安にしてください。機種によっては、多少差が出ることもあります。

Part 1

Muffin
マフィン

軽い食べ心地の米粉のマフィンは、材料をぐるぐる混ぜていくだけ。
小麦粉と違ってグルテンが出ないので、混ぜすぎを気にせずに、
むしろしっかり混ぜることで、ぐっとおいしく仕上がります。
シンプルなプレーン味もいいけれど、フルーツなどの具材を入れると、
さらにおいしくなっておすすめ。ナッツ類とも相性抜群の生地です。

plain
プレーンマフィン

アーモンドパウダーを少し加え、風味とコクをプラスした素朴なマフィン。
オイルで作るお菓子は、卵と砂糖をしっかり混ぜて砂糖をよく溶かすと、
よりおいしく、ふくらみもよくなって、しっとりと焼き上がります。
米粉を加えたあとは混ぜすぎを心配せずに、しっかり混ぜるのがコツです。

Muffin

plain
プレーンマフィン

〈材料〉 直径7cmのマフィン型6個分

- 米粉 … 90g
- アーモンドパウダー … 15g
- ベーキングパウダー … 小さじ¾

卵 … 1個
グラニュー糖 … 60g
植物油 … 45g
牛乳 … 50g

〈下準備〉
・型に紙カップを敷く。
・オーブンを180℃に温める。

マフィン型には、あらかじめ紙カップ（グラシン紙）を敷いておく。マフィン型がなければ、同じくらいの直径の紙製のマフィンカップや、プリン型に紙カップを敷いて焼いてもいい。

1 卵と砂糖を混ぜる

ボウルに卵と砂糖を入れ、泡立て器で砂糖が溶けるまで1分ほど混ぜる。

＊ここでしっかり混ぜて砂糖を溶かすと、ふんわりとふくらむ

2 油を加える

油を3回に分けて加え、

泡立て器でぐるぐるっと、全体になじむまでしっかり混ぜる。

＊混ぜすぎてもグルテンが出ず、焼き上がりはかたくならないので、気にせずにしっかり混ぜて

最後はゴムベラで、底から返すように5〜6回混ぜる。

＊生地のムラをなくすように

3 牛乳を加える

そのつとなじむまで、ぐるぐるっと混ぜる。

牛乳を加え、

全体になじむまで、ぐるぐるっと混ぜる。

4 粉類を加える

粉類を合わせて一度にふるい入れ、

5 焼く

スプーンで型の8分目まで入れ、

＊生地がゆるいので、スプーンで入れるといい

180℃のオーブンで20分ほど焼く。型から出し、網にのせて冷ます。

＊ラップで包んで冷蔵保存し、日持ちは約3日、保存袋に入れて冷凍保存で約3週間。食べる時は、電子レンジで10〜15秒温めて

Earl Grey
1. アールグレイマフィン

水のかわりに紅茶液を加え、さらに茶葉も加えて、
紅茶感たっぷりに焼き上げたマフィンです。
茶葉は、香りがしっかり出るアールグレイを使いましたが、
かわりにダージリンや、フレーバーティーで作るのもおすすめ。
⇒作り方は18ページ

apple & cinnamon
2. りんごとシナモンのマフィン

りんごのすりおろしを練り込み、上には大きく切ったものをのせて、
りんごのフレッシュな酸味がしっかり味わえるマフィンです。
火通りがよくなるよう、りんごは縦に切り込みを入れるのがコツ。
生地には、相性のいいシナモンパウダーをほんのり香らせます。
⇒作り方は18ページ

lemon
3. レモンマフィン

フランスのレモンケーキ「ウィークエンド・シトロン」をイメージして、
卵を共立てにし、ふわふわっと焼き上げました。
米粉は3回に分けて加え、ゴムベラで底から返すように混ぜるのが大切。
きゅっと酸っぱいレモンアイシングで飾り、かわいらしさも満点です。
⇒作り方は19ページ

caramel
4. キャラメルマフィン

ほんのり苦みがきいた、少し大人っぽいマフィンです。
キャラメルは厚手の鍋で、水と砂糖はヘラで混ぜたりせずに火にかけ、
鍋を回しながら、濃いこげ茶色にしっかり焦がします。
⇒作り方は20ページ

pumpkin
5. かぼちゃマフィン

きび砂糖を使った、素朴な味わいが魅力のお菓子。
かぼちゃはチンしてつぶし、ペーストにすればOKです。
あれば、かぼちゃの種をのせると食感のアクセントに。
⇒作り方は21ページ

matcha & white chocolate
6. 抹茶ホワイトチョコマフィン

ほろ苦い抹茶に、ミルキーなホワイトチョコが好相性。
抹茶の緑をきれいに出したいので、温度は低めにします。
チョコは、溶けないように1cm角に切りましょう。
⇒作り方は21ページ

chocolate & banana
7. チョコレートバナナマフィン

溶かしたチョコ＋細かくつぶしたバナナの人気味。
薄く切ったバナナをのせて焼いてもおいしい。
チョコが溶けきらなければ、10秒ずつ追加で加熱を。
⇒作り方は22ページ

carrot
8. キャロットマフィン

にんじんの自然な甘みが生きた、軽い味わい。
クリームチーズフロスティングとの相性は抜群です。
スパイスは、ジンジャーやカルダモンを足しても。
⇒作り方は22ページ

banana & crumble
9. バナナクランブルマフィン

生地にバナナを加えたら、ごくさっと混ぜることで、
バナナの食感を残すのが大切。クランブルは手でにぎらず、
揺すってそぼろ状にまとめるのがコツです。
⇒作り方は23ページ

Earl Grey
1. アールグレイマフィン

〈材料〉 直径7cmのマフィン型6個分

A 米粉 … 100g
　アーモンドパウダー … 15g
　ベーキングパウダー … 小さじ1
　紅茶の葉（ティーバッグ・アールグレイ）… 1袋（2g）
卵 … 1個
グラニュー糖 … 70g
植物油 … 50g
牛乳 … 30g
　熱湯 … 40g
　紅茶の葉（ティーバッグ・アールグレイ）… 1袋（2g）

〈下準備〉
・熱湯に紅茶の葉（ティーバッグから出す）を加え、ラップをかけて5分蒸らして紅茶液を作り、粗熱をとる。
・型に紙カップを敷く。
・オーブンを180℃に温める。

〈作り方〉

1　ボウルに卵と砂糖を入れ、泡立て器で砂糖が溶けるまで1分ほど混ぜる。油（3回に分けて）、牛乳と紅茶液（茶葉ごと）の順に加え、そのつどなじむまでぐるぐるっと混ぜる。

2　Aをふるい入れ、泡立て器でぐるぐるっとしっかり混ぜ、最後はゴムベラで底から返すように5〜6回混ぜる。

3　型に入れ、180℃のオーブンで22分ほど焼く。

apple & cinnamon
2. りんごとシナモンのマフィン

〈材料〉 直径7cmのマフィン型6個分

A 米粉 … 90g
　アーモンドパウダー … 15g
　ベーキングパウダー … 小さじ1
　シナモンパウダー … 少々
卵 … 1個
グラニュー糖 … 60g
植物油 … 45g
りんご（すりおろす）… 40g（約小¼個分）
牛乳 … 大さじ1
トッピング用のりんご … 小1個（150g）

〈下準備〉
・トッピング用のりんごは皮と芯を除き、6等分のくし形に切り、縦に2〜3本切り込みを入れる。
・型に紙カップを敷く。
・オーブンを180℃に温める。

〈作り方〉

1　ボウルに卵と砂糖を入れ、泡立て器で砂糖が溶けるまで1分ほど混ぜる。油（3回に分けて）、すりおろしたりんごと牛乳の順に加え、そのつどなじむまでぐるぐるっと混ぜる。

2　Aをふるい入れ、泡立て器でぐるぐるっとしっかり混ぜ、最後はゴムベラで底から返すように5〜6回混ぜる。

3　型に入れ、トッピング用のりんごをのせ、180℃のオーブンで20分ほど焼く。

lemon
3. レモンマフィン

〈材料〉 直径7cmのマフィン型8個分

米粉 … 55g
卵 … 2個
グラニュー糖 … 50g
A ┃ 植物油 … 15g
　┃ 牛乳 … 15g
レモンの皮（国産）のすりおろし … 1個分
【レモンアイシング】
　┃ 粉砂糖 … 60g
　┃ レモン汁 … 小さじ1
　┃ 水 … 小さじ1

〈下準備〉
・型に紙カップを敷く。
・オーブンを180℃に温める。

〈作り方〉

1　ボウルに卵と砂糖を入れて泡立て器で混ぜ、湯せん（ボウルの底に60℃の湯をあてる）にかける。人肌くらい（指を入れてお風呂より少しぬるいくらい）に温まったら湯せんからはずし、ハンドミキサーの高速で泡立てる。

2　すくった時にリボン状に積み重なるようになったら、低速で1分混ぜてキメを整える。米粉を3回に分けて加え、そのつどゴムベラで底から返すように20〜30回ずつ混ぜる。

3　耐熱容器にAを入れて泡立て器でよく混ぜ、ラップをかけずに電子レンジで20秒加熱して混ぜる。温かいうちに2に加え、レモンの皮も加え、ゴムベラで底から返すように15回混ぜてなじませる。

4　型に入れ、180℃のオーブンで15分焼く。
　＊マフィン型に入りきらない生地は、紙製のマフィンカップやプリン型に紙カップを敷いて焼いて

5　小さめの容器にアイシングの材料を入れ、スプーンでとろりと練り、冷めたマフィンにかける。
　＊アイシングがかたいようなら、水を少しずつ足して調節して

 ⇒  ⇒

ボウルに卵と砂糖を入れ、泡立て器で混ぜてから湯せんにかける。混ぜながら、人肌程度になるまで温める。

温まったら湯せんからはずし、ハンドミキサーの高速で、すくった時にリボン状に積み重なるまで泡立てる。

米粉を3回に分けて加え、そのつどゴムベラで底から返すように、時々まん中を切るようにしながら20〜30回ずつ混ぜる。

アイシングは、材料をスプーンで練り、とろりと流れるようになればOK。冷めたマフィンにスプーンでかける。

4. キャラメルマフィン
caramel

〈材料〉 直径7cmのマフィン型6個分

A 米粉 … 100g
　アーモンドパウダー … 20g
　ベーキングパウダー … 小さじ1
　塩 … ひとつまみ
卵 … 1個
グラニュー糖 … 60g
植物油 … 40g
水 … 30g
【キャラメルクリーム】（約100g分）
　グラニュー糖 … 50g
　水 … 大さじ1
　生クリーム … 80g

〈下準備〉
・型に紙カップを敷く。

〈作り方〉

1. キャラメルクリームを作る。厚手の鍋に砂糖と水を入れて強火にかけ、ふちから色づいてきたら鍋を回して混ぜ、全体が濃いこげ茶色になったら火を止める。生クリームを少しずつ加えて（沸き上がってくるので注意）泡立て器で混ぜ、中火にかけて煮立ったら弱火で1分ほど煮詰め、粗熱をとる。オーブンを180℃に温める。

2. ボウルに卵と砂糖を入れ、泡立て器で砂糖が溶けるまで1分ほど混ぜる。油（3回に分けて）、1のキャラメルクリーム45g、水の順に加え、そのつどなじむまでぐるぐるっと混ぜる。

3. Aをふるい入れ、泡立て器でぐるぐるっとしっかり混ぜ、最後はゴムベラで底から返すように5～6回混ぜる。

4. 型に入れ、180℃のオーブンで22分ほど焼く。

＊残ったキャラメルクリームは、牛乳で割って飲んだり、アイスやパンにかけて食べてもおいしい

キャラメルは、厚手の鍋に砂糖と水を入れて強火にかけ、混ぜずに鍋を揺すりながら焦がし、煙が出て全体が濃いこげ茶色になったら火を止める。

生クリームを少しずつ加え（沸き上がってくるので注意）、泡立て器で混ぜて全体になじませる。

中火にかけ、煮立ったら弱火にし、混ぜながら1分ほど煮詰めればキャラメルクリームの完成。粗熱をとってから使う。

pumpkin
5. かぼちゃマフィン

〈材料〉 直径7cmのマフィン型6個分

A 米粉 … 70g
　ベーキングパウダー … 小さじ1
　シナモンパウダー … 少々
かぼちゃ … 約⅛個（180g）
きび砂糖 … 80g
卵 … 1個
植物油 … 40g
牛乳 … 20g
水 … 20g
かぼちゃの種（あれば） … 36粒

〈下準備〉
・型に紙カップを敷く。

〈作り方〉

1 かぼちゃは種とワタを除き、4〜5等分に切って水にくぐらせ、耐熱皿にのせてラップをかけ、電子レンジで3分加熱する。皮を除いて熱いうちにスプーンで細かくつぶし、100g分を用意する。オーブンを180℃に温める。

2 ボウルに1と砂糖を入れ、泡立て器ですり混ぜる。卵、油（3回に分けて）、牛乳、水の順に加え、そのつどなじむまでぐるぐるっと混ぜる。

3 Aをふるい入れ、泡立て器でぐるぐるっとしっかり混ぜ、最後はゴムベラで底から返すように5〜6回混ぜる。

4 型に入れ、かぼちゃの種を6粒ずつ散らし、180℃のオーブンで20分ほど焼く。

matcha & white chocolate
6. 抹茶ホワイトチョコマフィン

〈材料〉 直径7cmのマフィン型6個分

A 米粉 … 100g
　アーモンドパウダー … 15g
　抹茶 … 大さじ1(6g)
　ベーキングパウダー … 小さじ1
卵 … 1個
グラニュー糖 … 70g
植物油 … 50g
牛乳 … 30g
水 … 40g
板チョコ（ホワイト） … ¾枚（30g）

〈下準備〉
・板チョコは1cm角に切る。
・型に紙カップを敷く。
・オーブンを170℃に温める。

〈作り方〉

1 ボウルに卵と砂糖を入れ、泡立て器で砂糖が溶けるまで1分ほど混ぜる。油（3回に分けて）、牛乳、水の順に加え、そのつどなじむまでぐるぐるっと混ぜる。

2 Aをふるい入れ、泡立て器でぐるぐるっとしっかり混ぜ、最後はゴムベラで底から返すように5〜6回混ぜる。

3 型に入れて板チョコをのせ、170℃のオーブンで23分ほど焼く。

7. チョコレートバナナマフィン
chocolate & banana

〈材料〉 直径7cmのマフィン型6個分

A 米粉 … 80g
　アーモンドパウダー … 15g
　ベーキングパウダー … 小さじ½
バナナ … 小1本（正味80g）
グラニュー糖 … 60g
卵 … 2個
植物油 … 40g
製菓用チョコレート（ビター）… 50g

〈下準備〉
・チョコレートは粗く刻み、耐熱容器に入れ、ラップをかけずに電子レンジで1分加熱して溶かす。
・型に紙カップを敷く。
・オーブンを180℃に温める。

〈作り方〉

1　ボウルにバナナを入れてフォークで細かくつぶし、砂糖を加えて泡立て器ですり混ぜる。卵、油（3回に分けて）、溶かしたチョコレートの順に加え、そのつどなじむまでぐるぐるっと混ぜる。

2　Aをふるい入れ、泡立て器でぐるぐるっとしっかり混ぜ、最後はゴムベラで底から返すように5〜6回混ぜる。

3　型に入れ、180℃のオーブンで22分ほど焼く。

［製菓用チョコレート］
チョコレートはカカオ分55％のものを使用。バランスのいいビター感で、カカオ分60％以下だと生地もかたくなりにくい。「大東カカオ スペリオール フォンセ」（コ）⇒入手先は88ページ

8. キャロットマフィン
carrot

〈材料〉 直径7cmのマフィン型6個分

A 米粉 … 80g
　アーモンドパウダー … 15g
　ベーキングパウダー … 小さじ1
　シナモンパウダー … 小さじ⅓
卵 … 1個
きび砂糖 … 60g
植物油 … 50g
にんじん … 小1本（正味80g）
牛乳 … 大さじ1
レーズン … 25g
【クリームチーズフロスティング】
　クリームチーズ … 50g
　粉砂糖 … 15g
　プレーンヨーグルト … 小さじ1

〈下準備〉
・にんじんは皮をむいてすりおろす。
・型に紙カップを敷く。
・オーブンを180℃に温める。

〈作り方〉

1　ボウルに卵と砂糖を入れ、泡立て器で砂糖が溶けるまで1分ほど混ぜる。油（3回に分けて）、にんじんと牛乳の順に加え、そのつどなじむまでぐるぐるっと混ぜる。

2　Aをふるい入れ、泡立て器でぐるぐるっとしっかり混ぜ、最後はゴムベラで底から返すように5〜6回混ぜる。レーズンを加え、さっくりと混ぜる。型に入れ、180℃のオーブンで20分ほど焼く。

3　室温に戻したクリームチーズ、砂糖をスプーンですり混ぜ、ヨーグルトも加えてフロスティングを作る。冷めたマフィンに塗る。

クリームチーズフロスティングは、材料をスプーンですり混ぜ、ぽってりとした状態にする。かたい時は、牛乳小さじ½〜1を加えて調節を。

banana & crumble
9. バナナクランブルマフィン

〈材料〉 直径7cmのマフィン型5個分

A 米粉 … 60g
  アーモンドパウダー … 10g
  ベーキングパウダー … 小さじ½

卵 … 25g（約½個）
グラニュー糖 … 35g
植物油 … 30g
牛乳 … 40g
バナナ … 1本（正味100g）

【クランブル】
B 米粉 … 25g
  アーモンドパウダー … 15g
  グラニュー糖 … 大さじ1
  塩 … ひとつまみ
植物油 … 15g
牛乳 … 5g

〈下準備〉
・バナナは1.5cm角に切る。
・型に紙カップを敷く。
・オーブンを190℃に温める。

〈作り方〉

1 クランブルを作る。ボウルにBを入れ、泡立て器でぐるぐるっと混ぜ、油、牛乳の順に全体に回し入れ、そのつどカードで切り混ぜる。しっとりしたら、ボウルを前後に揺すってそぼろ状にする。

2 別のボウルに卵と砂糖を入れ、泡立て器で砂糖が溶けるまで1分ほど混ぜる。油（3回に分けて）、牛乳の順に加え、そのつどなじむまでぐるぐるっと混ぜる。

3 Aをふるい入れ、泡立て器でぐるぐるっとしっかり混ぜ、最後はゴムベラで底から返すように5～6回混ぜる。バナナを加え、さっと混ぜる。
  ＊バナナが生地になじみすぎないようにし、食感を残すとおいしい

4 型に入れ、1を全体に散らし、190℃のオーブンで20分ほど焼く。

クランブルは、粉類を泡立て器で混ぜて均一にしたら、油を全体に回し入れる。

粉と油がなじむように、カードで切り混ぜる。牛乳も全体に散らすように加え、切り混ぜる。

ボウルを前後に揺すり、そぼろ状になればOK。粒は大小あっていい。手でにぎろうとすると、固まらないので注意。

Part 2
Scone
スコーン

焼きたての表面はサクッ、中はほろっとおいしい米粉のスコーン。
米粉に油分と水分をしっかり吸わせきるのがポイントで、
そうすると打ち粉も必要なく、成形もラクです。
アーモンドパウダー入りの香ばしい生地は、何もつけなくても美味。
冷めると風味が落ちるので、必ずリベイクして食べてください。

plain
プレーンスコーン

さくさくと軽く、やさしい甘さとほんのりとした塩けがあとを引く味。
混ぜ足りないと、生地のまとまりや食感が悪くなるので、
カードでボウルにしっかりすりつけて、なじませるのがコツです。
少し高めの温度でこんがりと焼き色をつけ、香ばしく仕上げます。

Scone

plain
プレーンスコーン

〈**材料**〉 5cm長さのもの6個分

A 米粉 … 100g
　グラニュー糖 … 15g
　アーモンドパウダー … 10g
　ベーキングパウダー … 小さじ1
　塩 … ひとつまみ

植物油 … 35g
牛乳 … 30g
水 … 20g

〈**下準備**〉
・天板にオーブンシートを敷く。
・オーブンを190℃に温める。

1 粉類を混ぜる

ボウルにAを入れ、泡立て器でぐるぐるっと混ぜる。
＊全体が均一になればいい。これでふるわなくてOK

2 油、牛乳、水を加える

まん中にくぼみを作り、油、牛乳、水を加え、

4 ボウルにすりつけてなめらかにする

生地をカードでボウルの底に20〜30回すりつける。

全体がしっとりとなめらかな状態になれば、生地のでき上がり。
＊ここで油と水分、粉をしっかりなじませることで、まとまりのいい生地になる
＊生地がボウルからきれいにはがれるようになるのが目安

3 カードで切り混ぜる

その部分を泡立て器でとろりとするまでぐるぐるっと混ぜる。

カードでまわりの粉を液体部分にかぶせるようにして混ぜ、

半分くらい混ざったら、カードで切り混ぜる。

全体がしっとりとして、粉っぽさがなくなればOK。

5 焼く

ひとまとめにして台に取り出し、手で直径10cm（2cm厚さ）にまとめ、

ナイフで放射状に6等分に切る。

天板に間隔をあけて並べ、190℃のオーブンで20分ほど焼く。焼きたての熱いうちに食べる。

＊ラップで包んで冷蔵保存し、日持ちは約3日、保存袋に入れて冷凍保存で約3週間。食べる時は、オーブントースターで1〜2分焼き直して

walnut & maple syrup
1. くるみとメープルのスコーン

やさしい甘みのメープルシロップを加えることで、
生地にしっとり感が加わります。アクセントのくるみは、
アーモンドやカシューナッツでもいいですね。
⇒作り方は32ページ

kinako & black sesame
2. きなこと黒ごまのスコーン

きなことごまの香ばしさがぎっしり詰まった、
どこか懐かしい味わいです。米粉ときなこは、
質感が似ていて好相性。スティック状の新鮮な形に。
⇒作り方は32ページ

matcha & white chocolate
3. 抹茶とホワイトチョコのスコーン

王道の抹茶×ホワイトチョコの相性抜群コンビです。
抹茶でややパサつきがちな生地も、チョコがけでしっとりと。
ホワイトチョコは手軽な板チョコでよく、油を混ぜることで、
ツヤのあるコーティングに。ミルキーな味わいがたまりません。
⇒作り方は33ページ

blueberry & cream cheese

4. ブルーベリークリームチーズスコーン

ブルーベリーの酸味にクリームチーズのコクを合わせた、
軽やかなスコーン。生地にチーズを混ぜ込むことで、
さくさくの食感に焼き上がります。ベリーは凍ったまま加え、
その水分で生地をまとめて。小さく切ったりんごで作っても。
⇒作り方は34ページ

banana & peanut butter
5. バナナとピーナッツバターのスコーン

生地に練り込んだバナナとピーナッツバターで、
しっとりなめらか、香ばしいスコーン。
ピーナッツのカリカリ食感がアクセントです。
⇒作り方は35ページ

raspberry & white chocolate
6. ラズベリーホワイトチョコスコーン

ミルキーなホワイトチョコに合わせたのは、
ラズベリーの甘酸っぱさと鮮やかな赤色。
レモンの皮で、さわやかな香りも添えました。
⇒作り方は35ページ

walnut & maple syrup
1. くるみとメープルのスコーン

〈材料〉 直径6cmのもの6個分

A 米粉 … 100g
　アーモンドパウダー … 20g
　グラニュー糖 … 5g
　ベーキングパウダー … 小さじ1
　塩 … ひとつまみ
植物油 … 25g
牛乳 … 30g
メープルシロップ … 30g
水 … 15g
くるみ … 20g

〈下準備〉

・くるみはフライパンの弱火でからいりし、粗く刻む。
・天板にオーブンシートを敷く。
・オーブンを190℃に温める。

〈作り方〉

1　ボウルにAを入れ、泡立て器でぐるぐるっと混ぜ、まん中にくぼみを作って油、牛乳、メープルシロップ、水を加え、その部分をとろりとするまでぐるぐるっと混ぜる。

2　カードでまわりの粉を液体部分にかぶせるようにして混ぜ、半分くらい混ざったら、粉っぽさがなくなるまで切り混ぜる。カードでボウルの底に20〜30回すりつけてなめらかにする。

3　くるみを加え、手で軽く混ぜ込み、カードで半分に切っては重ねて手で押すのを3〜4回くり返す。

4　ひとまとめにしてカードで6等分に切り、それぞれ手で丸める。天板に間隔をあけて並べ、190℃のオーブンで15分ほど焼く。

kinako & black sesame
2. きなこと黒ごまのスコーン

〈材料〉 2×11cmのもの6本分

A 米粉 … 90g
　きなこ … 20g
　グラニュー糖 … 15g
　ベーキングパウダー … 小さじ1
　塩 … ひとつまみ
植物油 … 35g
牛乳 … 30g
水 … 25g
黒いりごま … 10g

〈下準備〉

・天板にオーブンシートを敷く。
・オーブンを190℃に温める。

〈作り方〉

1　ボウルにAを入れ、泡立て器でぐるぐるっと混ぜ、まん中にくぼみを作って油、牛乳、水を加え、その部分をとろりとするまでぐるぐるっと混ぜる。

2　カードでまわりの粉を液体部分にかぶせるようにして混ぜ、半分くらい混ざったらいりごまを加え、粉っぽさがなくなるまで切り混ぜる。カードでボウルの底に20〜30回すりつけてなめらかにする。

3　手で縦10×横12cm(1.5cm厚さ)の四角形にまとめ、ナイフで縦6等分(2cm幅)の棒状に切る。天板に間隔をあけて並べ、190℃のオーブンで20分ほど焼く。

3. 抹茶とホワイトチョコのスコーン

matcha & white chocolate

〈材料〉5cm長さのもの6個分

A 米粉 … 100g
　グラニュー糖 … 15g
　アーモンドパウダー … 10g
　抹茶 … 大さじ1（6g）
　ベーキングパウダー … 小さじ1
　塩 … ひとつまみ
植物油 … 35g
牛乳 … 35g
水 … 20g
【ホワイトチョコーティング】
　板チョコ（ホワイト） … ¾枚（30g）
　植物油 … 小さじ½
仕上げ用の抹茶 … 適量

〈下準備〉

・板チョコは粗く刻む。
・天板にオーブンシートを敷く。
・オーブンを180℃に温める。

〈作り方〉

1　ボウルにAを入れ、泡立て器でぐるぐるっと混ぜ、まん中にくぼみを作って油、牛乳、水を加え、その部分をとろりとするまでぐるぐるっと混ぜる。

2　カードでまわりの粉を液体部分にかぶせるようにして混ぜ、半分くらい混ざったら、粉っぽさがなくなるまで切り混ぜる。カードでボウルの底に20〜30回すりつけてなめらかにする。

3　手で直径10cm（2.5cm厚さ）にまとめ、ナイフで放射状に6等分に切る。天板に間隔をあけて並べ、180℃のオーブンで20分ほど焼く。

4　小さめの耐熱容器に板チョコを入れ、ラップをかけずに電子レンジで30秒加熱して溶かし（溶けきらなければ10秒ずつ追加して）、油を加えてヘラで混ぜる。冷めたスコーンに塗り、冷蔵室で15分冷やし固め、食べる時に抹茶を茶こしでふる。

コーティング用の板チョコは、ラップをかけずに電子レンジで30秒加熱して溶かし、油を加えて小さめのヘラでしっかり混ぜ、なめらかな状態にする。

blueberry & cream cheese

4. ブルーベリー クリームチーズスコーン

〈材料〉 5cm長さのもの6個分

A 米粉 … 105g
　グラニュー糖 … 15g
　アーモンドパウダー … 10g
　ベーキングパウダー … 小さじ1

植物油 … 15g
クリームチーズ … 50g
牛乳 … 45g
冷凍ブルーベリー … 40g

〈下準備〉

・天板にオーブンシートを敷く。
・オーブンを190℃に温める。

〈作り方〉

1　ボウルにAを入れ、泡立て器でぐるぐるっと混ぜ、油を全体に回し入れ、カードと手ですくうようにしながらぽろぽろになるまで混ぜる。冷たいクリームチーズを加え、カードで細かく切り混ぜる。

2　まん中にくぼみを作って牛乳を加え、カードでまわりの粉をかぶせるようにして混ぜ、半分くらい混ざったらブルーベリー（凍ったまま）を加え、手でにぎるようにしてひとまとめにする。

3　手で直径11cm（2.5cm厚さ）にまとめ、ナイフで放射状に6等分に切る。天板に間隔をあけて並べ、190℃のオーブンで18分ほど焼く。

ボウルに粉類、砂糖を入れ、泡立て器で混ぜて均一にしたら、油を全体に回し入れ、カードと手でぽろぽろになるまで混ぜる。

冷蔵庫から出したてのクリームチーズを加え、カードでチーズを切っては粉をまぶすようにして、細かくなるまで切り混ぜる。

クリームチーズがあずきくらいの大きさになり、粉と全体になじめばOK。

牛乳を加えて混ぜ、ブルーベリーを凍ったまま加え、その水分ごと手でぎゅっとにぎるようにして、ひとまとめにする。

banana & peanut butter

5. バナナと
ピーナッツバターのスコーン

〈材料〉 6cm長さのもの6個分

A 米粉 … 100g
　グラニュー糖 … 15g
　アーモンドパウダー … 10g
　ベーキングパウダー … 小さじ1
B バナナ … ½本弱（正味40g）
　植物油 … 30g
　ピーナッツバター（微糖のもの・粒入り） … 10g *
牛乳 … 30g
*「SKIPPY」を使用

〈下準備〉

・天板にオーブンシートを敷く。
・オーブンを190℃に温める。

〈作り方〉

1　ボウルにBを入れ、バナナをフォークで細かくつぶしながら混ぜ、牛乳を加えて泡立て器でなじむまでぐるぐるっと混ぜる。

2　別のボウルにAを入れ、泡立て器でぐるぐるっと混ぜ、まん中にくぼみを作って1を加える。カードでまわりの粉をかぶせるようにして混ぜ、半分くらい混ざったら、粉っぽさがなくなるまで切り混ぜる。カードでボウルの底に20～30回すりつけてなめらかにする。

3　手で直径10cm（2.5cm厚さ）にまとめ、ナイフで放射状に6等分に切る。天板に間隔をあけて並べ、190℃のオーブンで15分ほど焼く。

raspberry & white chocolate

6. ラズベリーホワイトチョコスコーン

〈材料〉 4×5cmのもの6個分

A 米粉 … 100g
　アーモンドパウダー … 20g
　グラニュー糖 … 10g
　ベーキングパウダー … 小さじ1
　レモンの皮（国産）のすりおろし … ½個分
植物油 … 30g
牛乳 … 30g
水 … 25g
冷凍ラズベリー … 20g
板チョコ（ホワイト） … ½枚（20g）

〈下準備〉

・板チョコは粗く刻む。
・天板にオーブンシートを敷く。
・オーブンを180℃に温める。

〈作り方〉

1　ボウルにAを入れ、泡立て器でぐるぐるっと混ぜ、まん中にくぼみを作って油、牛乳、水を加え、その部分をとろりとするまでぐるぐるっと混ぜる。

2　カードでまわりの粉を液体部分にかぶせるようにして混ぜ、半分くらい混ざったら、粉っぽさがなくなるまで切り混ぜる。カードでボウルの底に20～30回すりつけてなめらかにする。

3　手で縦10×横18cmの四角形にまとめ、ラズベリー（凍ったまま）と板チョコを全体に散らして軽く押し込み、左右を三つ折りにして四辺をカードで押さえながら縦12×横9cmに整える。ナイフで2×3列に切り、天板に間隔をあけて並べ、180℃のオーブンで20分ほど焼く。

Part 3

Cookie
クッキー

さくさく、カリカリ、ほろりと、いろんな食感が楽しめるクッキー。
スコーン同様、米粉に油と水分をしっかり吸わせるのがコツで、
生地をカードでボウルにすりつけて、なめらかな生地にします。
焼き色が足りなければ、レシピのオーブン温度を10℃上げ、
5分長く焼くなどして、香ばしく仕上がるよう調整してみてください。

スノーボール

くるみのクッキー

レモンクッキー

ココアと
スライスアーモンドのクッキー

アールグレイ
クッキー

生地の配合や成形のしかたで、いろんな表情に焼き上がるクッキー。
さくほろのスノーボールに、さくさくっと軽いレモンクッキー、
カリッとしたくるみのクッキー。基本の5種類のクッキーをご紹介します。

Cookie

snowball
スノーボール

丸め

〈材料〉 直径3cmのもの14個分

A 米粉 … 65g
　アーモンドパウダー … 30g
　塩 … ひとつまみ
植物油 … 50g
牛乳 … 15g
粉砂糖 … 20g
仕上げ用の粉砂糖 … 適量

〈下準備〉
・天板にオーブンシートを敷く。
・オーブンを160℃に温める。

1 油、牛乳、砂糖を混ぜる

ボウルに油と牛乳を入れ、泡立て器でとろりとするまですり混ぜる。

砂糖を加え、溶けるまですり混ぜる。

4 ボウルにすりつけてなめらかにする

生地をカードでボウルの底に20〜30回すりつける。

全体がしっとりとなめらかな状態になれば、生地のでき上がり。

＊ここで油と水分、粉をしっかりなじませることで、まとまりのいい生地になる

＊生地がボウルからきれいにはがれるようになるのが目安

2 粉類を加える

Aを合わせて一度にふるい入れ、

カードで液体と合わせるようにして混ぜる。

3 カードで切り混ぜる

半分くらい混ざったら、カードで切り混ぜる。

全体がしっとりとして、粉っぽさがなくなればOK。

5 焼く

ひとまとめにして台に取り出し、14等分して天板に間隔をあけて並べ、直径3cmに丸める。

＊まず生地をカードで2等分し、それぞれを7等分するとスムーズ

160℃のオーブンで25分ほど焼く。網にのせて冷ます。

6 粉砂糖をまぶす

粗熱がとれたら、粉砂糖を茶こしでふる。

＊保存袋か保存容器に乾燥剤とともに入れて常温保存し、日持ちは約3週間

Cookie

walnut
くるみのクッキー

(ドロップ)

〈材料〉 直径5cmのもの12枚分

A 米粉 … 90g
　アーモンドパウダー … 15g
　塩 … ひとつまみ

植物油 … 40g
牛乳 … 25g
きび砂糖 … 30g
くるみ … 30g

〈下準備〉
・くるみはフライパンの弱火でからいりし、粗く刻む。
・天板にオーブンシートを敷く。
・オーブンを170℃に温める。

1 油、牛乳、砂糖を混ぜる

ボウルに油と牛乳を入れ、泡立て器でとろりとするまですり混ぜる。

砂糖を加え、溶けるまですり混ぜる。

5 くるみを加える

くるみを加え、手で軽く混ぜ込み、

生地をカードで半分に切っては、

2 粉類を加える

Aを合わせて一度にふるい入れ、

カードで液体と合わせるようにして混ぜる。

3 カードで切り混ぜる

半分くらい混ざったら、カードで切り混ぜる。

＊全体がしっとりとして、粉っぽさがなくなればOK

4 ボウルにすりつけてなめらかにする

生地をカードでボウルの底に20～30回すりつける。

＊全体がしっとりとなめらかな状態になればいい

＊生地がボウルからきれいにはがれるようになるのが目安

6 焼く

重ねて手で軽く押すのを3～4回くり返し、くるみを混ぜ込む。

ひとまとめにして台に取り出し、12等分して天板に間隔をあけて並べ、指3本で軽く押す。

＊まず生地をカードで2等分し、それぞれを6等分するとスムーズ

ふちを整えながら、直径5cm（1cm弱厚さ）にまとめる。

170℃のオーブンで20分ほど焼く。網にのせて冷まます。

＊保存袋か保存容器に乾燥剤とともに入れて常温保存し、日持ちは約3週間

Cookie

lemon
レモンクッキー

型抜き

〈材料〉 直径4cmの菊型16枚分

- 米粉 … 80g
- アーモンドパウダー … 10g
- コーンスターチ … 10g

レモンの皮(国産)のすりおろし … 1個分
卵 … 20g(½個弱)
植物油 … 35g
牛乳 … 15g
グラニュー糖 … 25g

〈下準備〉
・天板にオーブンシートを敷く。

1 卵、油、牛乳、砂糖を混ぜる

ボウルに卵、油、牛乳を入れ、泡立て器でとろりとするまですり混ぜる。

砂糖を加え、溶けるまですり混ぜる。

4 ボウルにすりつけてなめらかにする

生地をカードでボウルの底に20〜30回すりつける。

全体がしっとりとなめらかな状態になれば、生地のでき上がり。

＊ここで油と水分、粉をしっかりなじませることで、まとまりのいい生地になる

＊生地がボウルからきれいにはがれるようになるのが目安

2 粉類を加える

粉類を合わせて一度にふるい入れ、

レモンの皮のすりおろしを加え、

カードで液体と合わせるようにして混ぜる。

3 カードで切り混ぜる

半分くらい混ざったら、カードで切り混ぜる。

＊全体がしっとりとして、粉っぽさがなくなればOK

5 冷やす

ひとまとめにしてオーブンシートに取り出し、ラップをのせてめん棒で5mm厚さにのばし、冷凍室で30分休ませる。

＊生地を上下にのばしたら、シートを90度回し、同様にのばすと均一にのびる

6 焼く

オーブンを170℃に温める。直径4cmの菊型で抜き、天板に間隔をあけて並べる。

＊残った生地は、再びまとめてめん棒でのばし、型で抜く

＊型は、好みの大きさや形のものでOK

170℃のオーブンで20分ほど焼く。網にのせて冷ます。

＊保存袋か保存容器に乾燥剤とともに入れて常温保存し、日持ちは約3週間

Cookie

cocoa & sliced almond
ココアと
スライスアーモンドの
クッキー

（アイスボックス）

〈材料〉 3.5×4cmのもの16枚分

A 米粉 … 60g
　アーモンドパウダー … 15g
　ココア … 10g
　コーンスターチ … 10g
　塩 … ひとつまみ
卵 … 20g（½個弱）
植物油 … 30g
牛乳 … 10g
粉砂糖 … 30g
バニラオイル … 少々
スライスアーモンド … 20g

〈下準備〉
・天板にオーブンシートを敷く。

1 卵、油、牛乳、砂糖を混ぜる

ボウルに卵、油、牛乳を入れ、泡立て器でとろりとするまですり混ぜる。

砂糖とバニラオイルを加え、砂糖が溶けるまですり混ぜる。

生地をカードで半分に切っては、

重ねて手で軽く押すのを3〜4回くり返し、アーモンドを混ぜ込む。

2 粉類を加える

Aを合わせて一度にふるい入れ、カードで液体と合わせるようにして混ぜる。

3 カードで切り混ぜる

半分くらい混ざったら、カードで切り混ぜる。
＊全体がしっとりとして、粉っぽさがなくなればOK

4 ボウルにすりつけてなめらかにする

生地をカードでボウルの底に20〜30回すりつける。
＊生地がボウルからきれいにはがれるようになるのが目安

5 アーモンドを加える

生地を少し広げてからアーモンドを加え、手で軽く混ぜ込み、

6 冷やす

ひとまとめにして台に取り出し、カードで4つの面を押さえて平らにしながら、4cm角×14cm長さの棒状にまとめる。

ラップで包み、冷凍室で30分休ませる。
＊冷やすことで切りやすくなる

7 焼く

オーブンを170℃に温める。ナイフで7〜8mm幅に切り、
＊厚く切ると、焼き上がりがかたくなるので注意

天板に間隔をあけて並べ、170℃のオーブンで20分ほど焼く。網にのせて冷まます。
＊保存袋か保存容器に乾燥剤とともに入れて常温保存し、日持ちは約3週間

Cookie

Earl Grey
アールグレイクッキー

(絞り出し)

〈材料〉 直径4cmのもの16枚分

A 米粉 … 70g
　アーモンドパウダー … 10g
　コーンスターチ … 10g
　紅茶の葉(ティーバッグ・アールグレイ) … 1袋(2g)
卵 … 25g(約½個)
植物油 … 45g
牛乳 … 10g
グラニュー糖 … 30g
いちごジャム … 適量

〈下準備〉
・天板にオーブンシートを敷く。
・オーブンを170℃に温める。

1 卵、油、牛乳、砂糖を混ぜる

ボウルに卵、油、牛乳を入れ、泡立て器でとろりとするまですり混ぜる。

砂糖を加え、溶けるまですり混ぜる。

4 ボウルにすりつけてなめらかにする

生地をカードでボウルの底に20〜30回すりつける。

全体がしっとりとなめらかな状態になれば、生地のでき上がり。

＊ここで油と水分、粉をしっかりなじませることで、まとまりのいい生地になる

＊生地がボウルからきれいにはがれるようになるのが目安

2 粉類を加える

Aを合わせて一度にふるい入れ、

カードで液体と合わせるようにして混ぜる。

3 カードで切り混ぜる

半分くらい混ざったら、カードで切り混ぜる。

全体がしっとりとして、粉っぽさがなくなればOK。

5 焼く

絞り出し袋に口径15mmの星口金をつけ、口を折り返し、カードで生地を入れ、袋の口をねじる。

＊星口金は6切（切り込みが6つ）くらいが絞りやすい

＊絞り出し袋は、大きめのカップなどに立てるといい

天板に間隔をあけながら、直径4cmに絞り出す。

＊「の」の字に絞り出すといい

＊ジャムをのせるので、まん中にすき間はあけない

まん中にジャムを小さじ1/4くらいずつのせ、

＊ジャムはラズベリーやオレンジマーマレードなど、好みのものでOK

170℃のオーブンで20分ほど焼く。網にのせて冷ます。

＊保存袋か保存容器に乾燥剤とともに入れて常温保存し、日持ちは約3週間

matcha snowball
1. 抹茶のスノーボール

さくっと、ほろっとした食感のスノーボールは、
小麦粉よりも、むしろ米粉で作るのがぴったりのクッキー。
抹茶の風味が香る生地は、粉砂糖でよりさくさくに。
仕上げに抹茶をまぶし、大人っぽい味にするのもおすすめです。
⇒作り方は54ページ

oatmeal & raisin
3. オートミール
レーズンクッキー

peanut butter
2. ピーナッツバター
クッキー

ざくざく食感が楽しいオートミールに、
メープルの甘みを加えた素朴なクッキー。
オートミールを少しふやかすのがポイントです。
⇒作り方は55ページ

フォークで模様をつけたアメリカンなクッキー。
濃厚なピーナッツバターを混ぜ込むことで、
生地はしっとり、さくさくっと軽い焼き上がりに。
⇒作り方は54ページ

double chocolate
4. ダブルチョコクッキー

溶かしたチョコに刻んだチョコも加え、
チョコ感たっぷりに。レーズンやプルーン、
くるみやアーモンドを加えて焼いても美味です。
⇒作り方は56ページ

shortbread
5. ショートブレッド

グラニュー糖のほかに粉砂糖を加えることで、
ほろっとしたショートブレッドらしい食感に。
溶かしたチョコでコーティングしても合います。
⇒作り方は56ページ

galette bretonne

6. ガレット

フランス郷土菓子の厚焼きクッキー「ガレット・ブルトンヌ」を
米粉で再現しました。多めのアーモンドパウダーに卵黄を合わせ、
リッチな味わいに焼き上げます。生地は、冷やすことで型抜きしやすく。
型がなければ、近いサイズのグラスなどで抜いても作れます。
⇒作り方は57ページ

cappuccino
7. カプチーノクッキー

コーヒーのほろ苦さに、ミルキーなホワイトチョコを合わせたら、
味わいはまさにカプチーノ。少し加えたシナモンが香ります。
混ぜ込む板チョコは、細かく刻むと絞り出すのがスムーズに。
スプーンで天板に落としても、かわいく焼き上がります。
⇒作り方は58ページ

ginger
9. ジンジャークッキー

すりおろしたしょうがをキリッときかせた、
カリカリ食感が楽しめるクッキー。
黒砂糖の溶け残った粒がアクセントです。
⇒作り方は59ページ

coconut
8. ココナッツクッキー

ココナッツの甘い香りが詰まった生地には、
粉砂糖を加え、さくさくに焼き上げます。
やわらかめの生地なので、しっかり冷やして。
⇒作り方は59ページ

1. 抹茶のスノーボール matcha snowball （丸め）

〈材料〉 直径3cmのもの14個分

A 米粉 … 65g
　アーモンドパウダー … 20g
　抹茶 … 大さじ1（6g）
　塩 … ひとつまみ
植物油 … 50g
牛乳 … 15g
粉砂糖 … 25g
仕上げ用の粉砂糖 … 適量

〈下準備〉

・天板にオーブンシートを敷く。
・オーブンを160℃に温める。

〈作り方〉

1　ボウルに油と牛乳を入れ、泡立て器でとろりとするまですり混ぜる。砂糖を加え、溶けるまですり混ぜる。

2　Aをふるい入れ、カードで液体と合わせるように混ぜ、半分くらい混ざったら、粉っぽさがなくなるまで切り混ぜる。カードでボウルの底に20〜30回すりつけてなめらかにする。

3　14等分して直径3cmに丸め、天板に間隔をあけて並べ、160℃のオーブンで25分ほど焼く。粗熱がとれたら、粉砂糖をまぶす。

2. ピーナッツバタークッキー peanut butter （ドロップ）

〈材料〉 直径5cmのもの12枚分

A 米粉 … 90g
　アーモンドパウダー … 15g
　塩 … ひとつまみ
ピーナッツバター（微糖のもの・粒入り） … 30g *
植物油 … 30g
グラニュー糖 … 30g
牛乳 … 40g
*「SKIPPY」を使用

〈下準備〉

・天板にオーブンシートを敷く。
・オーブンを170℃に温める。

〈作り方〉

1　ボウルにピーナッツバターと油を入れ、泡立て器でとろりとするまですり混ぜる。砂糖を加えて溶けるまですり混ぜ、牛乳を加えてなじむまで混ぜる。

2　Aをふるい入れ、カードで液体と合わせるように混ぜ、半分くらい混ざったら、粉っぽさがなくなるまで切り混ぜる。カードでボウルの底に20〜30回すりつけてなめらかにする。

3　12等分して丸め、天板に間隔をあけて並べ、フォークの背で×の形に押さえて直径5cm（1cm厚さ）に広げる。170℃のオーブンで20分ほど焼く。

oatmeal & raisin
3. オートミール レーズンクッキー 〔ドロップ〕

〈材料〉 直径5cmのもの16枚分

- 米粉 … 60g
- アーモンドパウダー … 10g
- 植物油 … 50g
- 牛乳 … 20g
- メープルシロップ … 30g
- グラニュー糖 … 20g
- オートミール … 70g
- レーズン … 30g

〈下準備〉

- 天板にオーブンシートを敷く。
- オーブンを170℃に温める。

〈作り方〉

1 ボウルに油、牛乳、メープルシロップ、砂糖を入れ、泡立て器でとろりとするまですり混ぜる。オートミールとレーズンを加え、5分おいてなじませる。

2 粉類をふるい入れ、カードで液体と合わせるように混ぜ、半分くらい混ざったら、粉っぽさがなくなるまで切り混ぜる。カードでボウルの底に30回すりつけてなめらかにする。

＊まとまりにくい生地なので、少し長めにすりつけて

3 16等分して天板に間隔をあけて並べ、指3本で押し、直径5cm（1cm弱厚さ）にまとめる。170℃のオーブンで20分ほど焼く。

［オートミール］

燕麦（エンバク）を脱穀し、食べやすく加工したオートミール。クッキーに加えるとざくざく、パンケーキならもちもち食感に。粒が細かくて扱いやすい「クイックオーツ」を使用。

double chocolate
4. ダブルチョコクッキー（ドロップ）

〈材料〉 直径4.5cmのもの12枚分

A 米粉 … 70g
　アーモンドパウダー … 10g
　コーンスターチ … 10g
　塩 … ひとつまみ
製菓用チョコレート（ビター）… 40g
植物油 … 30g
牛乳 … 25g
B グラニュー糖 … 15g
　バニラオイル … 少々

〈下準備〉
・チョコレートは粗く刻む。
・天板にオーブンシートを敷く。
・オーブンを170℃に温める。

〈作り方〉

1　耐熱ボウルにチョコレートの半量（20g）を入れ、ラップをかけずに電子レンジで50秒加熱して溶かす（溶けきらなければ10秒ずつ追加して）。油、牛乳の順に加え、そのつど泡立て器でとろりとするまですり混ぜ、Bを加えてなじむまで混ぜる。

2　別のボウルにAを入れ、泡立て器でぐるぐるっと混ぜ、まん中にくぼみを作って1を加え、カードでまわりの粉をかぶせるようにして混ぜる。半分くらい混ざったら残りのチョコレートを加え、粉っぽさがなくなるまで切り混ぜる。カードでボウルの底に20～30回すりつけてなめらかにする。

3　12等分して天板に間隔をあけて並べ、ラップをのせて指3本で押し、直径4.5cm（1cm弱厚さ）にまとめる。170℃のオーブンで20分ほど焼く。

shortbread
5. ショートブレッド

〈材料〉 2×7cmのもの8本分

A 米粉 … 50g
　アーモンドパウダー … 25g
　塩 … ひとつまみ
卵 … 10g（約1/3個）
植物油 … 25g
牛乳 … 5g
グラニュー糖 … 10g
粉砂糖 … 10g

〈下準備〉
・天板にオーブンシートを敷く。

〈作り方〉

1　ボウルに卵、油、牛乳を入れ、泡立て器でとろりとするまですり混ぜる。砂糖類を加え、溶けるまですり混ぜる。

2　Aをふるい入れ、カードで液体と合わせるように混ぜ、半分くらい混ざったら、粉っぽさがなくなるまで切り混ぜる。カードでボウルの底に20～30回すりつけてなめらかにする。

3　オーブンシートに出し、カードで縦8×横14cm（1cm弱厚さ）にまとめ、ナイフで2×4列に切り、竹串の後ろで2×4列に穴をあける。ラップで包み、冷凍室で15分休ませる。

4　オーブンを160℃に温める。天板に間隔をあけて並べ、160℃のオーブンで25分ほど焼く。

galette bretonne
6. ガレット 〔型抜き〕

〈材料〉 直径5cmの丸型8枚分

A 米粉 … 60g
　アーモンドパウダー … 30g
　コーンスターチ … 10g
　塩 … ひとつまみ
卵黄 … 1個分
植物油 … 40g
牛乳 … 10g
粉砂糖 … 30g

〈下準備〉
・卵黄は小さじ⅓を取り分け、水少々を混ぜておく。
・天板にオーブンシートを敷く。

〈作り方〉

1　ボウルに卵黄、油、牛乳を入れ、泡立て器でとろりとするまですり混ぜる。砂糖を加え、溶けるまですり混ぜる。

2　Aをふるい入れ、カードで液体と合わせるように混ぜ、半分くらい混ざったら、粉っぽさがなくなるまで切り混ぜる。カードでボウルの底に10〜20回すりつけてなめらかにする。

　*まとまりやすい生地なので、すりつける回数は少なめでいい

3　オーブンシートに出し、ラップをのせてめん棒で1cm厚さにのばし、冷凍室で30分休ませる。

4　オーブンを160℃に温める。直径5cmの丸型で抜き、天板に間隔をあけて並べ、卵黄液を表面にはけで塗り、フォークで模様を描く。160℃のオーブンで30分ほど焼く。

生地を天板に間隔をあけて並べたら、卵黄に水少々を加えたツヤ出し用の卵黄液を表面にはけで塗る。

フォークで斜め3本線をクロスさせるように2本引き、模様を描く。まず左上から右下に斜めにすべて引き、天板を90度回し、再び左上から右下に引くといい。

7. カプチーノクッキー

cappuccino

絞り出し

〈材料〉 直径3cmのもの24個分

A 米粉 … 70g
├ アーモンドパウダー … 10g
├ コーンスターチ … 10g
└ シナモンパウダー … 少々

B 牛乳 … 15g
└ インスタントコーヒー（粉末）… 大さじ1

卵 … 25g（約½個）
植物油 … 45g
きび砂糖 … 30g
板チョコ（ホワイト）… ½枚（20g）

〈下準備〉
・板チョコは細かく刻む。
・天板にオーブンシートを敷く。
・オーブンを170℃に温める。

〈作り方〉

1. ボウルにBを入れ、泡立て器で混ぜてコーヒーを溶かし、卵と油を加えてとろりとするまですり混ぜる。砂糖を加え、溶けるまですり混ぜる。

2. Aをふるい入れ、カードで液体と合わせるように混ぜ、半分くらい混ざったら板チョコを加え、粉っぽさがなくなるまで切り混ぜる。カードでボウルの底に20〜30回すりつけてなめらかにする。

3. 口径11mmの丸口金をつけた絞り出し袋に入れ、天板に間隔をあけて直径3cmに絞り出し、水でぬらした指先で先を押さえる。170℃のオーブンで20分ほど焼く。

＊絞り出し袋を使わずに、スプーンで落としてもいい

 ⇒

生地を丸口金をつけた絞り出し袋に入れたら、オーブンシートを敷いた天板に間隔をあけながら、直径3cmに絞り出す。

生地をすべて絞り出したら、水でぬらした指先でとがった先を軽く押さえ、形を整える。

coconut
8. ココナッツクッキー 〔アイスボックス〕

〈材料〉 3×4cmのもの16枚分

A 米粉 … 70g
　アーモンドパウダー … 15g
　コーンスターチ … 10g
　塩 … ひとつまみ
卵 … 20g（½個弱）
植物油 … 20g
牛乳 … 15g
粉砂糖 … 30g
ココナッツファイン（p76参照） … 20g

〈下準備〉
・天板にオーブンシートを敷く。

〈作り方〉

1　ボウルに卵、油、牛乳を入れ、泡立て器でとろりとするまですり混ぜる。砂糖を加え、溶けるまですり混ぜる。

2　Aをふるい入れ、カードで液体と合わせるように混ぜ、半分くらい混ざったらココナッツを加え、粉っぽさがなくなるまで切り混ぜる。カードでボウルの底に10〜20回すりつけてなめらかにする。

＊まとまりやすい生地なので、すりつける回数は少なめでいい

3　カードで4cm角×14cm長さの棒状にまとめ、ラップで包み、冷凍室で30分休ませる。

4　オーブンを170℃に温める。ナイフで7〜8mm幅に切り、天板に間隔をあけて並べ、170℃のオーブンで22分ほど焼く。

ginger
9. ジンジャークッキー 〔アイスボックス〕

〈材料〉 3.5×4cmのもの18枚分

A 米粉 … 80g
　アーモンドパウダー … 15g
　コーンスターチ … 10g
　塩 … ひとつまみ
しょうが … 大1かけ（正味20g）
植物油 … 40g
牛乳 … 10g
きび砂糖 … 20g
黒砂糖（粉末） … 15g

〈下準備〉
・しょうがは皮をむいてすりおろす。
・天板にオーブンシートを敷く。

〈作り方〉

1　ボウルにしょうが、油、牛乳を入れ、泡立て器でとろりとするまですり混ぜる。きび砂糖を加え、溶けるまですり混ぜる。

2　Aをふるい入れ、カードで液体と合わせるように混ぜ、半分くらい混ざったら黒砂糖を加え、粉っぽさがなくなるまで切り混ぜる。カードでボウルの底に30回すりつけてなめらかにする。

＊まとまりにくい生地なので、少し長めにすりつけて

3　カードで4cm角×14cm長さの棒状にまとめ、ラップで包み、冷凍室で30分休ませる。

4　オーブンを170℃に温める。ナイフで7〜8mm幅に切り、天板に間隔をあけて並べ、170℃のオーブンで20分ほど焼く。

Part 4

Chiffon Cake
シフォンケーキ

小麦粉と同じ感覚で作れ、独特のもちっとした食感が魅力の米粉のシフォン。
今回は大きな型を使わず、マフィン型で焼くことで、使う卵は2個だけ。
ピンとツノが立つしっかりとしたメレンゲがポイントですが、
メレンゲを泡立てるのも、生地に混ぜるのもラクで失敗知らずです。
シフォン生地のミニロールケーキもご紹介。バットを型にし、手軽に作れます。

plain
プレーンシフォンケーキ　プレーンシフォンロール

米粉のシフォンは、小麦粉にくらべてふくらみはやや控えめですが、
生地がしなやかで扱いやすいのが特徴。食感はしっとり＆もっちり、
ロールケーキにしても巻きやすく、ちいさくかわいく仕上がります。

Chiffon Cake

plain
プレーンシフォンケーキ

〈材料〉 直径7cmのマフィン型6個分
米粉 … 40g
卵黄 … 2個分
グラニュー糖 … 15g
植物油 … 20g
水 … 20g
[卵白 … 2個分 (70g) *
  グラニュー糖 … 20g

＊卵白は必ずはかって70gに。多すぎると、ケーキがしぼむ原因に

〈下準備〉
・型に紙カップを敷く。
・オーブンを170℃に温める。

マフィン型には紙カップ（グラシン紙）を敷く。マフィン型がなければ、同じくらいの直径の紙製のマフィンカップや、プリン型に紙カップを敷いて焼いてもOK。

1 卵黄生地を作る

ボウルに卵黄と砂糖を入れ、泡立て器で砂糖が溶けるまですり混ぜる。油、水の順に加え、そのつどなじむまですり混ぜる。

米粉を加え、
＊ふるわず一度に加えていい

3 合わせる

メレンゲの⅓量を卵黄生地に加え、

泡立て器でまずくるくるっとなじませ、そのあとすくうようにして、さっくりと混ぜる。

2 メレンゲを作る

泡立て器でぐるぐるっと、全体になじむまでしっかり混ぜる。

別のボウルに卵白を入れ、ハンドミキサーの高速で泡立てる。もこもこと泡立ってきたら、砂糖を3回に分けて加え、

さらに泡立て、

ピンとツノが立つ、しっかりとしたメレンゲを作る。

4 焼く

残りのメレンゲを2回に分けて加え、泡立て器で底からすくっては落とすようにして、さっくりと混ぜる。

＊ボウルを手前に回しながら

最後はゴムベラで、底から返すように4〜5回混ぜる。

＊生地のムラをなくすように

スプーンで型に均等に分けながら入れ、

＊少しずつ全体に分けて入れる。それほどふくらまないので、型のふちギリギリになってもOK

170℃のオーブンで20分ほど焼く。型から出し、網にのせて冷ます。

＊ラップで包んで冷蔵保存し、日持ちは約2日、保存袋に入れて冷凍保存で約2週間（解凍は常温、または電子レンジで30秒加熱しても）

plain
プレーンシフォンロール

〈材料〉 20.5×16×深さ3cmのバット1枚分
＊16cm長さのもの1本分

米粉 … 15g
卵黄 … 1個分
グラニュー糖 … 10g
植物油 … 5g
牛乳 … 5g
水 … 5g
卵白 … 1個分（35g）
グラニュー糖 … 10g
【ホイップクリーム】
生クリーム … 50g
グラニュー糖 … 5g
仕上げ用の粉砂糖 … 適量

〈下準備〉
・バットにオーブンシートを敷く。
・オーブンを180℃に温める。

野田琺瑯（ほうろう）のキャビネサイズのホーローバットを型として使用。オーブンシートを敷いておく。近いサイズのステンレスやアルミ製のバットでも。

1 卵黄生地を作る

ボウルに卵黄と砂糖を入れ、泡立て器で砂糖が溶けるまですり混ぜる。油、牛乳、水の順に加え、そのつどなじむまですり混ぜる。

米粉を加え、

＊ふるわず一度に加えていい

4 焼く

最後はゴムベラで、底から返すように4〜5回混ぜる。

＊生地のムラをなくすように

バットに入れ、スプーンで平らにならし、180℃のオーブンで13分ほど焼く。バットから出し、すぐにまわりのシートだけはがし、網にのせて冷ます。

＊まわりの紙をはがさないと、まん中がくぼむ原因に

2 メレンゲを作る   3 合わせる

泡立て器でぐるぐるっと、全体になじむまでしっかり混ぜる。

別のボウルに卵白を入れ、ハンドミキサーの高速で泡立てる。もこもこと泡立ってきたら、砂糖を3回に分けて加え、ピンとツノが立つしっかりとしたメレンゲを作る。

＊泡立てすぎに注意

メレンゲの半量を卵黄生地に加え、

泡立て器ですくうようにしてさっくりと混ぜる。残りのメレンゲを加え、泡立て器で底からすくっては落とすようにして、さっくりと混ぜる。

＊ボウルを手前に回しながら

5 巻く

ボウルにクリームの材料を入れ、氷水にあててツノが立つまで泡立てる。コピー用紙に焼き目を上にして生地をのせ、クリームを全体に塗り、手前から3cmのところにスプーンでみぞを作る。

＊向こう端2cmは薄めに塗る

みぞまでひと巻きして芯を作り、紙ごと持ち上げてくるくる巻く。

紙の上から手でぎゅっと巻きをしめ、全体を紙で包み、セロハンテープでまん中をとめる。

巻き終わりを下にして全体をラップで包み、冷蔵室で30分以上冷やす。食べる時に粉砂糖を茶こしでふる。

＊熱湯で温めたナイフで切り分ける
＊冷蔵保存し、日持ちは約2日、保存袋に入れて冷凍保存で約2週間（解凍は冷蔵室で）

1. バナナシフォンケーキ
banana

バナナのおかげで、焼き色がややしっかりめにつくのが特徴。
先にバナナをフォークで細かくつぶすことで、
その甘みと水分を生地にしっかり混ぜ込むのがコツです。
卵黄生地の砂糖をきび砂糖にかえて、素朴な風味を楽しんでも。
⇒作り方は72ページ

2. 紅茶シフォンケーキ
<small>tea</small>

水分を紅茶液にかえた、アールグレイの香りいっぱいの生地に、
シナモン入りクリームを合わせてチャイのイメージに。
生地にもほんの少しシナモンを加えたり、クリームにジンジャー、
クローブ、カルダモンを追加し、さらにスパイシーにしても美味です。
⇒作り方は73ページ

3. チョコレートシフォンケーキ
chocolate

溶かしたチョコレート＋ココアの生地は、チョコ感満点。
ココアやチョコが入ると、生地がしまってかたくなりやすいので、
水分はお湯にするのがコツ。チョコは電子レンジで溶かしますが、
溶けきらない場合は、様子を見て10秒ずつ追加してください。
⇒作り方は74ページ

coffee marble
5. コーヒーマーブル
シフォンケーキ

やさしい苦さのコーヒー生地をマーブル状に。
ほんのりシナモンも香ります。マーブルは、
とにかく生地を混ぜすぎないのが大切です。
⇒作り方は75ページ

matcha
4. 抹茶シフォンケーキ

抹茶の風味をストレートに楽しめるシフォン。
抹茶クリーム（p84）を合わせたり、
ホイップクリームとゆであずきを添えても。
⇒作り方は74ページ

mango & coconut

6. マンゴーココナッツ
シフォンケーキ

ドライマンゴーをヨーグルトでふやかしてから加え、
しっとりとした食感に焼き上げました。
トッピングのココナッツで、トロピカルな香りを添えて。
マンゴーをドライいちじくやクランベリーにかえるのもおすすめです。
⇒作り方は76ページ

lemon & raspberry
7. レモンラズベリー シフォンケーキ

レモンの皮を混ぜ込んださわやかな生地に、
愛らしいラズベリークリームを絞り入れ、上にも絞って。
冷凍ラズベリーは、細かく刻むとスムーズに絞り出せるし、
凍ったまま生クリームと合わせれば、しっかりと泡立ちます。
⇒作り方は77ページ

1. バナナシフォンケーキ
banana

〈材料〉 直径7cmのマフィン型6個分

米粉 … 45g
バナナ … ½本（正味50g）
卵黄 … 2個分
グラニュー糖 … 20g
植物油 … 15g
牛乳 … 10g
- 卵白 … 2個分（70g）
- グラニュー糖 … 20g

〈下準備〉
・型に紙カップを敷く。
・オーブンを170℃に温める。

〈作り方〉

1. ボウルにバナナを入れてフォークで細かくつぶし、卵黄と砂糖を加えて泡立て器ですり混ぜる。油（3回に分けて）、牛乳の順に加え、そのつどなじむまですり混ぜ、米粉を加えてしっかり混ぜる。

2. 別のボウルに卵白を入れてハンドミキサーの高速で泡立て、砂糖を3回に分けて加え、ピンとツノが立つしっかりとしたメレンゲを作る。これの⅓量を卵黄生地に加え、泡立て器でさっくりと混ぜ、残りのメレンゲを2回に分けて加え、さっくりと混ぜる。最後はゴムベラで底から返すように4〜5回混ぜる。

3. 型に入れ、170℃のオーブンで20分ほど焼く。

2. 紅茶シフォンケーキ
tea

〈材料〉 直径7cmのマフィン型6個分

米粉 … 40g
卵黄 … 2個分
グラニュー糖 … 20g
植物油 … 20g
- 熱湯 … 30g
- 紅茶の葉（ティーバッグ・アールグレイ）… 1袋（2g）
- 卵白 … 2個分（70g）
- グラニュー糖 … 20g

【シナモンクリーム】
- 生クリーム … 120g
- グラニュー糖 … 10g
- シナモンパウダー … 少々

仕上げ用のシナモンパウダー … 適量

〈下準備〉
- 熱湯に紅茶の葉（ティーバッグから出す）を加え、ラップをかけて5分蒸らして紅茶液を作り、粗熱をとる。
- 型に紙カップを敷く。
- オーブンを170℃に温める。

〈作り方〉

1. ボウルに卵黄と砂糖を入れ、泡立て器で砂糖が溶けるまですり混ぜる。油、紅茶液（茶葉ごと）の順に加え、そのつどなじむまですり混ぜ、米粉を加えてしっかり混ぜる。

2. 別のボウルに卵白を入れてハンドミキサーの高速で泡立て、砂糖を3回に分けて加え、ピンとツノが立つしっかりとしたメレンゲを作る。これの1/3量を卵黄生地に加え、泡立て器でさっくりと混ぜ、残りのメレンゲを2回に分けて加え、さっくりと混ぜる。最後はゴムベラで底から返すように4〜5回混ぜる。

3. 型に入れ、170℃のオーブンで20分ほど焼いて冷ます。

4. ボウルにクリームの材料を入れ、氷水にあててツノが立つまで泡立て、口径15mmの星口金をつけた絞り出し袋に入れる。3のまん中にペティナイフで直径1.5cmの穴をあけ、クリームを絞り入れ、上にも絞り出す。食べる時にシナモンパウダーを茶こしでふる。

シフォンケーキが完全に冷めたら、まん中にペティナイフを底まで斜めに入れ、直径1.5cmの円すい形にくりぬく（底のほうが細くなるように）。

⇒

くりぬいた部分に、絞り出し袋に入れたシナモンクリームを絞り入れる。

⇒

まん中から「の」の字を描くように、上にもシナモンクリームを絞り出す。

chocolate
3. チョコレートシフォンケーキ

〈**材 料**〉 直径7cmのマフィン型6個分

A 米粉 … 20g
　 ココア … 15g
製菓用チョコレート（ビター）… 20g
植物油 … 20g
卵黄 … 2個分
グラニュー糖 … 20g
湯（40℃くらい）… 30g
　 卵白 … 2個分（70g）
　 グラニュー糖 … 25g

〈**下準備**〉
・チョコレートは粗く刻む。
・型に紙カップを敷く。
・オーブンを170℃に温める。

〈**作り方**〉

1　耐熱ボウルにチョコレートを入れ、ラップをかけずに電子レンジで50秒加熱して溶かし（溶けきらなければ10秒ずつ追加して）、油を加えて泡立て器でなじむまで混ぜる。卵黄、砂糖、湯の順に加え、そのつどなじむまですり混ぜ、Aをふるい入れ、しっかり混ぜる。

2　別のボウルに卵白を入れてハンドミキサーの高速で泡立て、砂糖を3回に分けて加え、ピンとツノが立つしっかりとしたメレンゲを作る。これの⅓量を卵黄生地に加え、泡立て器でさっくりと混ぜ、残りのメレンゲを2回に分けて加え、さっくりと混ぜる。最後はゴムベラで底から返すように4〜5回混ぜる。

3　型に入れ、170℃のオーブンで20分ほど焼く。

matcha
4. 抹茶シフォンケーキ

〈**材 料**〉 直径7cmのマフィン型6個分

A 米粉 … 35g
　 抹茶 … 大さじ1（6g）
卵黄 … 2個分
グラニュー糖 … 20g
植物油 … 20g
水 … 20g
　 卵白 … 2個分（70g）
　 グラニュー糖 … 20g

〈**下準備**〉
・型に紙カップを敷く。
・オーブンを170℃に温める。

〈**作り方**〉

1　ボウルに卵黄と砂糖を入れ、泡立て器で砂糖が溶けるまですり混ぜる。油、水の順に加え、そのつどなじむまですり混ぜ、Aをふるい入れ、しっかり混ぜる。

2　別のボウルに卵白を入れてハンドミキサーの高速で泡立て、砂糖を3回に分けて加え、ピンとツノが立つしっかりとしたメレンゲを作る。これの⅓量を卵黄生地に加え、泡立て器でさっくりと混ぜ、残りのメレンゲを2回に分けて加え、さっくりと混ぜる。最後はゴムベラで底から返すように4〜5回混ぜる。

3　型に入れ、170℃のオーブンで20分ほど焼く。

coffee marble
5. コーヒーマーブルシフォンケーキ

〈材料〉 直径7cmのマフィン型6個分

A 米粉 … 40g
　シナモンパウダー … 少々
卵黄 … 2個分
グラニュー糖 … 20g
植物油 … 20g
水 … 20g
　卵白 … 2個分（70g）
　グラニュー糖 … 20g
【コーヒーソース】
　インスタントコーヒー（粉末） … 小さじ2
　水 … 小さじ1

〈下準備〉
・小さめのボウルにコーヒーソースの材料を合わせ、溶かしておく。
・型に紙カップを敷く。
・オーブンを170℃に温める。

〈作り方〉

1. ボウルに卵黄と砂糖を入れ、泡立て器で砂糖が溶けるまですり混ぜる。油、水の順に加え、そのつどなじむまですり混ぜ、Aを加えてしっかり混ぜる。

2. 別のボウルに卵白を入れてハンドミキサーの高速で泡立て、砂糖を3回に分けて加え、ピンとツノが立つしっかりとしたメレンゲを作る。これの1/3量を卵黄生地に加え、泡立て器でさっくりと混ぜ、残りのメレンゲを2回に分けて加え、さっくりと混ぜる。最後はゴムベラで底から返すように4～5回混ぜる。

3. 2を大さじ山盛り1取り分け、コーヒーソースに加えて泡立て器でなじむまで混ぜる。これを2に2回に分けて5～6か所ずつスプーンで落とし、そのつどゴムベラで底から返すように1～2回混ぜる。

＊混ぜすぎに注意

4. 型に流し、170℃のオーブンで20分ほど焼く。

生地を大さじ山盛り1取り分け、コーヒーソースのボウルに加えたら、泡立て器でよく混ぜてコーヒー生地を作る。

元の生地にコーヒー生地の半量をスプーンで5～6か所に散らして落とし、

ゴムベラで底から返すように1～2回混ぜる。同様にもう1回、生地の白いところに残りのコーヒー生地を落とし、混ぜる。

マーブル模様が消えないよう、ボウルから直接型に流し入れる。スプーンですくうと、マーブルが消えるので注意。

mango & coconut
6. マンゴーココナッツ シフォンケーキ

〈材料〉 直径7cmのマフィン型6個分

- 米粉 … 45g
- 卵黄 … 2個分
- グラニュー糖 … 15g
- 植物油 … 20g
- 水 … 20g
- A ドライマンゴー … 40g
-   プレーンヨーグルト … 15g
- 卵白 … 2個分(70g)
-   グラニュー糖 … 20g
- トッピング用のココナッツファイン … 5g

〈下準備〉

- ドライマンゴーは1cm角に切り、ヨーグルトに加えて5分ほどふやかす。
- 型に紙カップを敷く。
- オーブンを170℃に温める。

〈作り方〉

1. ボウルに卵黄と砂糖を入れ、泡立て器で砂糖が溶けるまですり混ぜる。油、水の順に加え、そのつどなじむまですり混ぜ、A、米粉の順に加え、そのつどしっかり混ぜる。

2. 別のボウルに卵白を入れてハンドミキサーの高速で泡立て、砂糖を3回に分けて加え、ピンとツノが立つしっかりとしたメレンゲを作る。これの⅓量を卵黄生地に加え、泡立て器でさっくりと混ぜ、残りのメレンゲを2回に分けて加え、さっくりと混ぜる。最後はゴムベラで底から返すように4〜5回混ぜる。

3. 型に入れてココナッツをふり、170℃のオーブンで20分ほど焼く。

[ココナッツファイン]

ココナッツの果肉を乾燥させ、細かく削ったココナッツファイン。マンゴー、ベリーと相性抜群。シャリッとした食感も魅力。「ココナッツファイン(I)」(コ) ⇒入手先は88ページ

lemon & raspberry
7. レモンラズベリーシフォンケーキ

〈材料〉 直径7cmのマフィン型6個分

米粉 … 40g
卵黄 … 2個分
グラニュー糖 … 15g
植物油 … 20g
水 … 20g
レモンの皮(国産)のすりおろし … ½個分
| 卵白 … 2個分(70g)
| グラニュー糖 … 20g
【ラズベリークリーム】
| A 生クリーム … 100g
| | グラニュー糖 … 20g
| 冷凍ラズベリー … 30g
仕上げ用の粉砂糖…適量

〈下準備〉
・ラズベリーは凍ったまま細かく刻む。
・型に紙カップを敷く。
・オーブンを170℃に温める。

〈作り方〉

1　ボウルに卵黄と砂糖を入れ、泡立て器で砂糖が溶けるまですり混ぜる。油、水、レモンの皮の順に加え、そのつどなじむまですり混ぜ、米粉を加えてしっかり混ぜる。

2　別のボウルに卵白を入れてハンドミキサーの高速で泡立て、砂糖を3回に分けて加え、ピンとツノが立つしっかりとしたメレンゲを作る。これの⅓量を卵黄生地に加え、泡立て器でさっくりと混ぜ、残りのメレンゲを2回に分けて加え、さっくりと混ぜる。最後はゴムベラで底から返すように4～5回混ぜる。

3　型に入れ、170℃のオーブンで20分ほど焼いて冷ます。

4　ボウルにAを入れてとろりとするまで泡立て、ラズベリー(凍ったまま)を加えて軽くツノが立つまで泡立て、口径15mmの星口金をつけた絞り出し袋に入れる。3のまん中にペティナイフで直径1.5cmの穴をあけ、クリームを絞り入れ、上にも絞り出す。食べる時に片側半分に粉砂糖を茶こしでふる。

[ラズベリー]

甘酸っぱい風味と、鮮やかな赤色が魅力の冷凍ラズベリー。マフィンなどにいちごのかわりに入れると、大人っぽい味に。「冷凍 デルスール 完熟ラズベリーホール(メッカー種)」(コ) ⇒入手先は88ページ

 ⇒  ⇒

シフォンケーキが完全に冷めたら、まん中にペティナイフを底まで斜めに入れ、直径1.5cmの円すい形にくりぬく(底のほうが細くなるように)。

くりぬいた部分に、絞り出し袋に入れたラズベリークリームを絞り入れる。

まん中から「の」の字を描くように、上にもラズベリークリームを絞り出す。

1. チーズシフォンロール
cheese

クリームチーズを練り込んだほのかな酸味が感じられる生地で、
ホイップクリームと甘酸っぱいブルーベリージャムを巻きました。
メレンゲの泡が消えやすい生地ですが、気にせずに焼いて大丈夫。
ジャムはクリームに散らしたら、全体にラフにのばします。
⇒作り方は84ページ

2. 抹茶シフォンロール
matcha

抹茶生地で濃厚な抹茶クリームを巻いた、定番の和スイーツ。
抹茶は製菓用のものでなくてもよく、先に少量の生クリームで溶くと、
ダマになりにくく、なめらかに仕上がります。
クリームにゆであずきを加え、抹茶あずきロールにしてもおいしい。
⇒作り方は84ページ

tea & chocolate
3. 紅茶チョコレートシフォンロール

茶葉を加えて紅茶がふわりと香る生地で巻いたのは、
ホイップクリームと、こっくりとしたチョコソース。
チョコソースはあえて全体に広げず、ラフにのばすことで、
巻いたあと冷蔵庫で冷やせば、固まってパリパリチョコになります。
⇒作り方は85ページ

lemon
4. レモンシフォンロール

レモンの皮と水きりヨーグルトを加えたさわやかなクリームを
プレーンなシフォン生地でくるり。上にもクリームを飾り、
レモンのシロップ煮でおめかししました。トッピングのクリームは、
スプーンでラフに落とすだけ。少しの生クリームでゆるめるのがコツです。
⇒作り方は86ページ

cocoa & coffee cream
5. ココアシフォンの
   コーヒークリームサンド

ココア生地で、コーヒークリームとくるみをはさんだサンドケーキ。
ココアが入るとメレンゲの泡が消えやすいので、混ぜすぎず、
白い筋が少し残るくらいでストップを。冷凍室で冷やしてなじませ、
熱湯で温めたナイフを使うと、きれいにカットできます。
⇒作り方は87ページ

kinako & caramel cream
6. きなこシフォンの
キャラメルクリームサンド

きなこ生地にキャラメルクリームを合わせた、新しい味わいのケーキ。
キャラメルはしっかりめに焦がし、ほろ苦さを生かして。
生クリームと合わせて生地にたっぷりサンドしたら、
上面にも広げ、キャラメル感いっぱいに仕上げます。
⇒作り方は87ページ

cheese
1. チーズシフォンロール

〈材料〉 20.5×16×深さ3cmのバット1枚分

米粉 … 15g
クリームチーズ … 15g
グラニュー糖 … 10g
卵黄 … 1個分
牛乳 … 15g
├ 卵白 … 1個分(35g)
└ グラニュー糖 … 10g
【ホイップクリーム】
├ 生クリーム … 50g
└ グラニュー糖 … 5g
ブルーベリージャム … 大さじ1
仕上げ用の粉砂糖 … 適量

〈下準備〉
・クリームチーズは室温に戻す。
・バットにオーブンシートを敷く。
・オーブンを180℃に温める。

〈作り方〉

1 ボウルにクリームチーズと砂糖を入れ、泡立て器ですり混ぜる。卵黄、牛乳の順に加え、そのつどなじむまですり混ぜ、米粉を加えてしっかり混ぜる。

2 別のボウルに卵白を入れてハンドミキサーの高速で泡立て、砂糖を3回に分けて加え、ピンとツノが立つしっかりとしたメレンゲを作る。これの半量を卵黄生地に加え、泡立て器でさっくりと混ぜ、残りのメレンゲを加え、さっくりと混ぜる。最後はゴムベラで底から返すように4〜5回混ぜる。

3 バットに入れ、180℃のオーブンで13分ほど焼いて冷ます。

4 ボウルにクリームの材料を入れ、氷水にあててツノが立つまで泡立てる。コピー用紙に焼き目を上にして生地をのせ、クリームを全体に塗り、ジャムを5〜6か所に散らし、スプーンでさっとのばす。手前からくるくる巻き、巻き終わりを下にしてラップで包み、冷蔵室で30分以上冷やす。食べる時に粉砂糖を茶こしでふる。

matcha
2. 抹茶シフォンロール

〈材料〉 20.5×16×深さ3cmのバット1枚分

A 米粉 … 13g
├ 抹茶 … 小さじ1(2g)
卵黄 … 1個分
グラニュー糖 … 15g
植物油 … 5g
牛乳 … 5g
水 … 5g
├ 卵白 … 1個分(35g)
└ グラニュー糖 … 10g
【抹茶クリーム】
├ 生クリーム … 60g
├ グラニュー糖 … 10g
└ 抹茶 … 小さじ½
仕上げ用の抹茶 … 適量

〈下準備〉
・バットにオーブンシートを敷く。
・オーブンを180℃に温める。

〈作り方〉

1 シフォン生地は、右ページの1〜3を参照して作る(作り方1で油、牛乳、水の順に加える)。

2 ボウルに砂糖と抹茶を入れて泡立て器で混ぜ、生クリームのうち小さじ2を半量ずつ加え、そのつどなじむまで混ぜる。残りの生クリームを加え、氷水にあててツノが立つまで泡立てる。

3 コピー用紙に焼き目を上にして生地をのせ、クリームを全体に塗る。手前からくるくる巻き、巻き終わりを下にしてラップで包み、冷蔵室で30分以上冷やす。食べる時に抹茶を茶こしでふる。

tea & chocolate
3. 紅茶チョコレートシフォンロール

〈材料〉 20.5×16×深さ3cmのバット1枚分

- A 米粉 … 15g
- 紅茶の葉（ティーバッグ・アールグレイ）… 1袋（2g）
- 卵黄 … 1個分
- グラニュー糖 … 10g
- 植物油 … 5g
- 水 … 10g
- 卵白 … 1個分（35g）
- グラニュー糖 … 10g
- 【チョコレートソース】
  - 製菓用チョコレート（ビター）… 15g
  - 植物油 … 小さじ1/3
- 【ホイップクリーム】
  - 生クリーム … 50g
  - グラニュー糖 … 5g

〈下準備〉
- チョコレートは粗く刻む。
- バットにオーブンシートを敷く。
- オーブンを180℃に温める。

〈作り方〉

1. ボウルに卵黄と砂糖を入れ、泡立て器で砂糖が溶けるまですり混ぜる。油、水の順に加え、そのつどなじむまですり混ぜ、Aをふるい入れ、しっかり混ぜる。

2. 別のボウルに卵白を入れてハンドミキサーの高速で泡立て、砂糖を3回に分けて加え、ピンとツノが立つしっかりとしたメレンゲを作る。これの半量を卵黄生地に加え、泡立て器でさっくりと混ぜ、残りのメレンゲを加え、さっくりと混ぜる。最後はゴムベラで底から返すように4～5回混ぜる。

3. バットに入れ、180℃のオーブンで13分ほど焼いて冷ます。

4. チョコレートソースを作る。耐熱容器にチョコレートを入れ、ラップをかけずに電子レンジで40秒加熱して溶かし（溶けきらなければ10秒ずつ追加して）、油を加えてスプーンで混ぜる。

5. ボウルにクリームの材料を入れ、氷水にあててツノが立つまで泡立てる。コピー用紙に焼き目を上にして生地をのせ、クリームを全体に塗り、4を6か所に散らし、スプーンでさっとのばす。手前からくるくる巻き、巻き終わりを下にしてラップで包み、冷蔵室で30分以上冷やす。

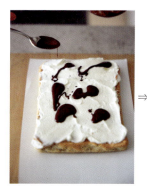

生地全体にクリームを塗ったら、チョコレートソースをスプーンで6か所に散らす。

チョコソースをスプーンですっとラフにのばす。冷やして固まると、これがパリパリチョコに。

lemon
4. レモンシフォンロール

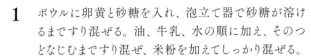

〈材料〉 20.5×16×深さ3cmのバット1枚分

米粉 … 15g
卵黄 … 1個分
グラニュー糖 … 10g
植物油 … 5g
牛乳 … 5g
水 … 5g
┌ 卵白 … 1個分（35g）
└ グラニュー糖 … 10g
【レモンのシロップ煮】（作りやすい分量）
┌ レモン（国産）… ½個
│ グラニュー糖 … 30g
└ 水 … 40g
【ヨーグルトクリーム】
┌ A 生クリーム … 80g
│ └ グラニュー糖 … 10g
│ プレーンヨーグルト … 50g
└ レモンの皮（国産）のすりおろし … ½個分
仕上げ用の粉砂糖 … 適量

〈下準備〉
・ヨーグルトはキッチンペーパーを敷いたざるに入れ、ボウルなどを下に重ねて冷蔵室で1時間ほど水きりし、25g分を用意する。
・レモンのシロップ煮のレモンは端を落として果汁を絞り、残りを3〜4mmの輪切りにする。
・バットにオーブンシートを敷く。
・オーブンを180℃に温める。

〈作り方〉

1 ボウルに卵黄と砂糖を入れ、泡立て器で砂糖が溶けるまですり混ぜる。油、牛乳、水の順に加え、そのつどなじむまですり混ぜ、米粉を加えてしっかり混ぜる。

2 別のボウルに卵白を入れてハンドミキサーの高速で泡立て、砂糖を3回に分けて加え、ピンとツノが立つしっかりとしたメレンゲを作る。これの半量を卵黄生地に加え、泡立て器でさっくりと混ぜ、残りのメレンゲを加え、さっくりと混ぜる。最後はゴムベラで底から返すように4〜5回混ぜる。

3 バットに入れ、180℃のオーブンで13分ほど焼いて冷ます。

4 レモンのシロップ煮を作る。耐熱容器に材料をすべて（レモン汁も）入れて混ぜ、ラップをかけずに電子レンジで2分30秒加熱し、落としラップをして冷ます。

5 ボウルにAを入れ、氷水にあててやわらかなツノが立つまで泡立て、水きりしたヨーグルト、レモンの皮を加え、ゴムベラでさっくりと混ぜる。コピー用紙に焼き目を上にして生地をのせ、クリームの⅔量を全体に塗る。手前からくるくる巻き、巻き終わりを下にしてラップで包み、冷凍室で5分冷やす。

6 残りのクリームに生クリーム小さじ1（分量外）を加えてゆるめ、上面にティースプーンで4か所にのせ、粉砂糖を茶こしでふり、汁けをきっていちょう切りにしたシロップ煮のレモン1枚分をのせる。冷蔵室で30分以上冷やす。

シロップ煮は、レモンの薄切り、レモン汁、砂糖、水を電子レンジで加熱し、表面にはりつけるようにラップをかけて冷ます。残りはヨーグルトにかけたり、炭酸水で割って飲んでも。

cocoa & coffee cream

5. ココアシフォンのコーヒークリームサンド

〈材料〉 20.5×16×深さ3cmのバット1枚分
＊5×7cmの三角形4個分

A 米粉 … 10g
  ココア … 5g
卵黄 … 1個分
グラニュー糖 … 15g
植物油 … 5g
水 … 10g
  卵白 … 1個分(35g)
  グラニュー糖 … 10g
【コーヒークリーム】
  生クリーム … 50g
  インスタントコーヒー(粉末) … 小さじ1
  グラニュー糖 … 小さじ2
くるみ … 10g

〈下準備〉
・くるみはフライパンの弱火でからいりし、粗く刻む。
・バットにオーブンシートを敷く。
・オーブンを180℃に温める。

〈作り方〉

1 ボウルに卵黄と砂糖を入れ、泡立て器で砂糖が溶けるまですり混ぜる。油、水の順に加え、そのつどなじむまですり混ぜ、Aをふるい入れ、しっかり混ぜる。

2 別のボウルに卵白を入れてハンドミキサーの高速で泡立て、砂糖を3回に分けて加え、ピンとツノが立つしっかりとしたメレンゲを作る。これの半量を卵黄生地に加え、泡立て器でさっくりと混ぜ、残りのメレンゲを加え、さっくりと混ぜる。最後はゴムベラで底から返すように4〜5回混ぜる。

3 バットに入れ、180℃のオーブンで13分ほど焼いて冷ます。

4 ボウルにクリームの材料を入れ、氷水にあててツノが立つまで泡立てる。生地の長辺を半分に切り、焼き目を下にして1枚にクリームを全体に塗り、くるみを散らしてもう1枚でサンドし、軽く押さえて冷凍室で15分冷やす。熱湯で温めたナイフで4辺の端を薄く落とし、長辺を半分に切り、さらに斜め半分に切って三角形にする。

kinako & caramel cream

6. きなこシフォンのキャラメルクリームサンド

〈材料〉 20.5×16×深さ3cmのバット1枚分
＊3.5×5.5cmの四角形4個分

A 米粉 … 10g
  きなこ … 5g
卵黄 … 1個分
グラニュー糖 … 10g
植物油 … 5g
牛乳 … 5g
水 … 5g
  卵白 … 1個分(35g)
  グラニュー糖 … 10g
【キャラメルクリーム】(約100g分)
  グラニュー糖 … 50g
  水 … 大さじ1
  生クリーム … 80g
生クリーム … 50g

〈下準備〉
・バットにオーブンシートを敷く。
・オーブンを180℃に温める。

〈作り方〉

1 シフォン生地は、上の1〜3を参照して作る(作り方1で油、牛乳、水の順に加える)。

2 キャラメルクリームは、「キャラメルマフィン」(p20)を参照して作り、粗熱をとる。ボウルにキャラメルクリーム20g、生クリームを入れ、氷水にあててツノが立つまで泡立てる。

3 生地の長辺を半分に切り、焼き目を下にして1枚にクリームを全体に塗り、もう1枚でサンドして軽く押さえ、冷凍室で15分冷やす。表面にキャラメルクリーム15gを5〜6か所にのせ、スプーンでさっとのばし、熱湯で温めたナイフで4辺の端を薄く落とし、縦横半分に切る。

吉川文子（よしかわ ふみこ）

千葉県生まれ。お菓子研究家。オンラインの洋菓子教室「Kouglof（クグロフ）」を主宰。藤野真紀子氏、近藤冬子氏、フランス人パティシエのサントス・アントワーヌ氏に師事し、お菓子作りを学ぶ。フランス伝統菓子をベースにしつつ、バターを使わないお菓子を中心に、書籍や雑誌でレシピを提案。YouTube「吉川文子のかんたんお菓子」も好評。著書に『トレイベイク』（小社刊）、『パウンド型ひとつで50のケーキ』（世界文化社）、『「糖質オフ」のロールケーキ』（文化出版局）など多数。
https://kouglof-cafe.com
Instagram：@fumikoykouglof

デザイン　高橋朱里（マルサンカク）
撮影　木村 拓（東京料理写真）
スタイリング　城 素穂
プリンティングディレクション
　金子雅一（株式会社トッパングラフィックコミュニケーションズ）
取材　中山み登り
校閲　滄流社
編集　足立昭子

◎（コ）⇒cotta　＊材料提供
https://www.cotta.jp

＊商品の取り扱い先は、2025年1月24日現在のものです。お店や商品の状況によって、同じものが入手できない場合もあります。あらかじめご了承ください。

バターを使わない
米粉のちいさな焼き菓子

著　者　吉川文子
編集人　足立昭子
発行人　殿塚郁夫
発行所　株式会社主婦と生活社
　　　　〒104-8357　東京都中央区京橋3-5-7
　　　　Tel.03-3563-5321（編集部）
　　　　Tel.03-3563-5121（販売部）
　　　　Tel.03-3563-5125（生産部）
　　　　https://www.shufu.co.jp
　　　　ryourinohon@mb.shufu.co.jp
印刷所　TOPPANクロレ株式会社
製本所　株式会社若林製本工場
ISBN978-4-391-16379-7

落丁・乱丁の場合はお取り替えいたします。お買い求めの書店か、小社生産部までお申し出ください。
Ⓡ本書を無断で複写複製（電子化を含む）することは、著作権法上の例外を除き、禁じられています。本書をコピーされる場合は、事前に日本複製権センター（JRRC）の許諾を受けてください。
また、本書を代行業者等の第三者に依頼してスキャンやデジタル化をすることは、たとえ個人や家庭内の利用であっても一切認められておりません。
JRRC（https://jrrc.or.jp　Eメール：jrrc_info@jrrc.or.jp
Tel：03-6809-1281）

©FUMIKO YOSHIKAWA 2025　Printed in Japan

お送りいただいた個人情報は、今後の編集企画の参考としてのみ使用し、他の目的には使用いたしません。詳しくは当社のプライバシーポリシー（https://www.shufu.co.jp/privacy/）をご覧ください。